BEI GRIN MACHT SICH IHR WISSEN BEZAHLT

Hanna Wilkes

Kommentierte Übersetzung eines französischen Texts

GRIN Verlag

Bibliografische Information der Deutschen Nationalbibliothek:

Die Deutsche Bibliothek verzeichnet diese Publikation in der Deutschen National-
bibliografie; detaillierte bibliografische Daten sind im Internet über http://dnb.d-
nb.de/ abrufbar.

Dieses Werk sowie alle darin enthaltenen einzelnen Beiträge und Abbildungen
sind urheberrechtlich geschützt. Jede Verwertung, die nicht ausdrücklich vom
Urheberrechtsschutz zugelassen ist, bedarf der vorherigen Zustimmung des Verla-
ges. Das gilt insbesondere für Vervielfältigungen, Bearbeitungen, Übersetzungen,
Mikroverfilmungen, Auswertungen durch Datenbanken und für die Einspeicherung
und Verarbeitung in elektronische Systeme. Alle Rechte, auch die des auszugsweisen
Nachdrucks, der fotomechanischen Wiedergabe (einschließlich Mikrokopie) sowie
der Auswertung durch Datenbanken oder ähnliche Einrichtungen, vorbehalten.

Impressum:

Copyright © 2012 GRIN Verlag GmbH
Druck und Bindung: Books on Demand GmbH, Norderstedt Germany
ISBN: 978-3-656-94462-1

GRIN - Your knowledge has value

Der GRIN Verlag publiziert seit 1998 wissenschaftliche Arbeiten von Studenten, Hochschullehrern und anderen Akademikern als eBook und gedrucktes Buch. Die Verlagswebsite www.grin.com ist die ideale Plattform zur Veröffentlichung von Hausarbeiten, Abschlussarbeiten, wissenschaftlichen Aufsätzen, Dissertationen und Fachbüchern.

Besuchen Sie uns im Internet:

http://www.grin.com/

http://www.facebook.com/grincom

http://www.twitter.com/grin_com

Stiftung Universität Hildesheim

Fachbereich 3: Sprach- und

Informationswissenschaften

Kommentierte Übersetzung

zur Übung *Übersetzen gemeinsprachlicher Texte*

Französisch-Deutsch II

1 Inhaltsverzeichnis

2 Ausgangstext

(alle Bilder aus jardinludique.over-blog.com)

Samedi 5 novembre 2011

5 ## Marcottage d'automne.

Nous sommes dans la période la plus propice pour les boutures, **marcottes** et plantations
d'arbres et d'arbustes au jardin. Chacun connaît le proverbe « A la sainte Catherine, tout
bois prend racine ». Nous approchons de ce jour symbolique, le 25 novembre, qui est un
repère pour le jardinier. Le temps est encore suffisamment clément et si passer quelques
10   heures à quatre pattes dans le jardin ne vous effraie pas, le **marcottage** de vos **plantes**
vous permettra de les **multiplier** en échange d'un tout petit peu d'huile de coude et d'une
année de patience. Le **marcottage** consiste en effet à choisir les branches basses d'un
arbuste et de les enterrer. Il faut choisir une branche souple et la « blesser » au niveau d'un
nœud. Saupoudrer la blessure d'un peu **d'hormone de bouturage**, enterrer en laissant
15   ressortir l'extrémité feuillue du rameau, poser une pierre pour faire du poids et pour
marquer l'emplacement. A cette période de l'année il est facile de réaliser des **marcottes**
de cassissier, groseillier, ciste, buis, grenadier, viburnum, abutilon, rosier, chèvrefeuille…
Tout est possible dès lors que l'arbuste a des **rameaux suffisamment bas** pour être
enterrés. En même temps que l'on réalise les nouvelles **marcottes**, on relève celles de
20   l'année passée, bien racinées après un an d'attente. Elles pourront être plantées directement
à l'emplacement définitif ou mises en pot jusqu'au printemps.

*Ci-dessous, en image, une **marcotte** de buis d'un an qui a produit trois nouvelles plantes
racinées.*

25   Vendredi 14 octobre 2011

Eté indien: floraisons.

30

35

    L'été indien joue les prolongations au grand bonheur de ses habitants et le jardin reste fleuri malgré la sécheresse qui perdure mais il serait grand temps qu'il pleuve : je crois n'avoir jamais vu la prairie aussi sèche qu'en ce mois d'octobre. J'en profite pour faire le grand nettoyage et tailler quelques haies. Il est surprenant de voir refleurir le buddleia

40   comme aux premiers jours de l'été. Le ceanothe aussi me gratifie de quelques boutons de fleurs et les **roses remontantes** que j'avais taillées avant de partir en vacances

s'épanouissent de nouveau. Les **asters** sont en pleine floraison et les **rudbeckias** ensoleillent encore le potager. Je leur décernerais bien la médaille d'argent pour leur floraison ininterrompue depuis le début de l'été ex aequo avec les **cosmos sulphureus**. La

45 médaille d'or reviendrait alors aux **ageratum**, si peu exigeants et pourtant si beaux. Originaires des régions tropicales, le manque d'eau ne les gêne point. Ils n'ont qu'un défaut : ils sont annuels chez nous et doivent être ressemés chaque printemps. Ma plus belle **rose remontante, 'Violon d'Ingres'**, un must pour qui a son jardin près de la cité du grand peintre : Montauban est à 35 km.

50

Samedi 30 juillet 2011

Mixed-border de plein été

Le cœur de l'été au jardin est une explosion de couleurs, de parfums et de saveurs. La

55 plupart des fleurs du jardin ont déjà révélé leurs secrets. Il y a bien quelques retardataires qui ne se dévoileront qu'en automne mais elles restent minoritaires. La **mixed-border** du potager est le terrain de toutes les expérimentations (je ne peux concevoir un jardin

reproduit à l'identique chaque année). Les **annuelles et bisannuelles** contribuent largement à la générosité et à la **diversité** des couleurs du lieu. Les **vivaces** en constituent

60   la structure mais il est particulièrement agréable de se ménager des surprises. Les graines glanées à droite et à gauche au cours des balades ou des échanges entre jardiniers sont la principale source des nouveautés qui, chaque année, me gardent un peu en haleine dans l'attente d'un résultat qui laisse un peu de part au hasard. Rien ne serait plus décourageant qu'un jardin figé où tout a déjà été vu, où tout est calculé et connu d'avance dans les

65   moindres détails, reproduisant d'année en année les mêmes images. Cette année donc, la **mixed-border** du potager, principalement constituée de Dahlias, s'est enrichie de Verbascum, Vernonia, Coreopsis des teinturiers, Amaranthes, Cosmos variés, Silphium, Cleomes, Morina, Scabieuses, Scutellaires, Valérianes, Verveines de Buenos Aires et Tournesols atypiques, le tout créant un vaste fouillis complexe et bariolé, éclatant de

70   couleurs et de gaieté.

3 Ausgangstextanalyse und Übersetzungsauftrag

In diesem Kapitel wird der Ausgangstext nach Christiane Nords Analyseschema aus dem Buch *Textanalyse und Übersetzen* untersucht. Unterschieden werden hierbei die textinternen und textexternen Faktoren. Die Analyse orientiert sich an folgendem Übersetzungsauftrag:

> Der bedeutende französische Gartenmarkt *Jardiland* expandiert nach Deutschland und richtet auf seiner Internetpräsenz eine Community für Gartenbegeisterte ein. Darin sollen Gartentipps ausgetauscht und Fotos gepostet werden. Zum Auftakt sollen einige fertige Beiträge von französischen Bloggern eingestellt werden, um die Seite zu launchen.

3.1 Textexterne Faktoren[1]

• **Senderpragmatik:** Sender der Texte sind die Internetseitenbetreiber des französischen Gartenmarkts Jardiland. Textproduzent ist dagegen der Blogger Claude Lasnier, der alle drei Ausgangstexte verfasst und auf seiner Seite www.jardinludique.over-blog.com veröffentlicht hat. Dort schreibt er für Natur- und Tierfreunde, postet Fotos und gibt allgemeine Tipps für die Gartenarbeit.[2]

Die Ausgangstexte sollen also aus einem Blog für eine Art Forum übersetzt werden, daher kann das Sprachniveau beibehalten werden. Es ist zu erwarten, dass umgangssprachliche Ausdrücke, Redewendungen oder Sprichwörter vorkommen, die recherchiert werden müssen und für die eine adäquate deutsche Entsprechung gefunden werden sollte.

• **Senderintention:** Die vordergründige Intention Jardilands ist es, die Leser über Pflanzen und deren Pflege zu informieren sowie ihnen den Austausch untereinander zu ermöglichen. Dahinter steht natürlich der Wunsch, neue Kunden anzuwerben und somit die Verkaufszahlen und den Bekanntheitsgrad zu steigern. Leser, die die zukünftige Community besuchen werden, sehen sich mit zahlreichen Pflanzennamen und Fotos konfrontiert, was eine gute Werbung für den hier noch unbekannten Gartenmarkt ist. Denn es liegt nahe, dass ein interessierter Leser sich eine Pflanze bei dem Betreiber der Internetseite, also Jardiland, kaufen wird und nicht bei dessen zahlreichen Konkurrenten.

---

[1] Vgl. Nord (1988), S. 47 ff.
[2] Vgl. Lasnier (2012) auf Jardinludique.

Dies bedeutet für die Übersetzung, dass der beschreibende Charakter der Ausgangstexte keinesfalls gekürzt oder verändert werden sollte. Die Texte müssen das Interesse und die Neugier der Leserschaft wecken, um sie auch als potentielle Kunden zu gewinnen.

• **Empfängerpragmatik:** Die Community würde vermutlich Hobbygärtner und Gartenbegeisterte ab ca. 30 Jahren ansprechen. In diesem Alter werden viele von ihnen bereits ein eigenes Haus mit Garten besitzen, sie kennen sich ausreichend mit dem Internet aus, um Zugang zu der Community zu haben, und sie sind höchstwahrscheinlich mobil genug, um den Gartenmarkt aufzusuchen. Eine jüngere Altersgruppe entfällt als möglicher Empfänger, da diese im Allgemeinen kein Interesse an der Gartenarbeit haben wird. Eine wesentlich höhere Altersgruppe (ab ca. 65 Jahren) scheidet ebenfalls aus, weil diese in der Regel nicht ausreichend mit dem Internet vertraut ist. Der Empfänger wird wahrscheinlich bereits Erfahrung mit der Gartenarbeit gesammelt haben, jedoch ist nicht auszuschließen, dass auch unerfahrene Leser, die zum Beispiel ihren ersten Garten anlegen möchten, auf die Internetseite stoßen. Die Ausgangstexte richten sich dagegen an eine kleinere und spezifischere Leserschaft. Es ist kaum zu erwarten, dass auch unkundige Gärtner diese Internetsite häufig besuchen.

Die Zieltexte sollten also möglichst einfach und verständlich formuliert sein. Daher wäre es ratsam, auftretende Fachbegriffe zu erläutern, damit ein möglichst großes Publikum angesprochen werden kann.

• **Medium:** Alle drei Beiträge wurden als schriftliche Texte auf der Internetseite www.jardinludique.over-blog.com in einem sogenannten Blog zur Verfügung gestellt. Ein Blog ist eine Art öffentlich geführtes Tagebuch, das im Prinzip weltweit zugänglich ist. Der erste Blogeintrag auf dieser Seite stammt vom 12. Januar 2008.[3]

Auf die Übersetzung hat das Medium keinen weiteren Einfluss, da auch die Zieltexte auf einer Internetseite veröffentlicht werden sollen.

• **Ortspragmatik:** Im letzten Beitrag erwähnt der Verfasser der Blogeinträge, dass er etwa 35 km von Montauban entfernt wohnt. Montauban ist die Hauptstadt des Départements Tarn-et-Garonne und liegt im Südwesten Frankreichs.[4]

Im ersten Ausgangstext wird darüber gesprochen, wann die beste Zeit zum Einpflanzen welcher Pflanzen ist, weswegen die Ortspragmatik eventuell zu Schwierigkeiten führen könnte. Denn in Montauban ist der Herbst milder als in Deutschland. Die Durchschnittstemperatur im November beträgt dort knapp 9 °C, in Hildesheim

---

[3] Vgl. Lasnier (2008) auf Jardinludique.
[4] Vgl. Le Boat (2012).

beispielsweise aber nur knapp 5 °C.[5] Es muss recherchiert werden, ob der November in Deutschland überhaupt noch zu den Monaten gehört, in denen Gartenarbeit verrichtet wird. Des Weiteren muss geprüft werden, ob die Pflanzen, die in Zeile 16 des Ausgangstextes genannt werden, auch in Deutschland wachsen. Ist dies nicht der Fall, wäre es für den deutschen Leser überflüssig zu wissen, dass man von diesen Pflanzen im November Absenker erstellen kann.

• **Zeitpragmatik:** Die Blogeinträge wurden am 5. November 2011, 14. Oktober 2011 und 30. Juli 2011 von Claude Lasnier hochgeladen. In diesen drei Berichten bezieht er sich immer auf die Gegenwart oder nahe Vergangenheit und Zukunft.

Wenn die deutsche Internetseite von Jardiland sowie die Community gleich im Juli oder August online gestellt werden sollte, wäre dafür lediglich der letzte Beitrag geeignet, da er aus dieser Zeit stammt. Die anderen beiden Beiträge, in denen von Altweibersommer und November gesprochen wird, würden bei den Lesern eher Verwirrung stiften. Entweder müssten diese Beiträge erst später hochgeladen werden oder aber die Community müsste so aufgebaut sein, dass die aktuelle Jahreszeit irrelevant ist. Trotzdem würde ich bei der Übersetzung auf die konkreten Daten, wann jeder einzelne Beitrag ursprünglich erstellt wurde, verzichten und stattdessen später das aktuelle Datum einfügen, an dem der Beitrag tatsächlich hochgeladen wurde. Ansonsten könnte der Leser denken, dass die Community bereits seit Mitte 2011 besteht.

• **Kommunikationsanlass:** Der Anlass ist die Expandierung des Geschäfts nach Deutschland und die damit verbundene Erstellung einer Online-Community für Gartenbegeisterte. Da der Gartenmarkt bisher wenigen Deutschen ein Begriff sein wird, geht es bei dieser Internetpräsenz wohl hauptsächlich darum, an Bekanntheit zu gewinnen und sich dem Leser zu präsentieren.

Die Ausgangstexte sind gut für diesen Kommunikationsanlass geeignet, denn sie enthalten von sich aus viele Pflanzennamen und anregende Fotos, die die Neugier des Lesers wecken. Daher hat der Kommunikationsanlass keinen weiteren Einfluss auf das Translat.

• **Textfunktion:** Im ersten Beitrag ist die vorrangige Textfunktion eine informative, da größtenteils ein Arbeitsschritt im Garten beschrieben wird. Im zweiten und dritten Beitrag dominiert die narrative Funktion, denn der Verfasser erzählt und beschreibt hauptsächlich, was in seinem Garten passiert oder was er dort verändert hat. Jedoch lassen sich auch hier informative Teile finden (Z. 43-44).

---

[5] Vgl. Mapped Planet (2012; Wetterdaten gesammelt von 1960 bis 1990).

In der Übersetzung sollte das Narrative und Informative beibehalten werden. Denn aufgrund dieses narrativ-informativen Charakters und der Tatsache, dass der Sender ein Gartenmarkt und der Zielrezipient dessen möglicher Kunde ist, ergibt sich im Translat eine hauptsächlich persuasive Textfunktion. Schließlich sollen die zahlreich vorkommenden Pflanzennamen und Fotos unter anderem Neukunden anlocken.

3.2 Textinterne Faktoren[6]

• **Textthematik:** Die Ausgangstexte sind thematisch kohärent, bauen jedoch nicht aufeinander auf. Themen sind die Gärtnerei, dazugehörige Tipps sowie Blütezeiten von Pflanzen. Die Thematik wird bereits jeweils im Textumfeld, nämlich in den Überschriften, angekündigt.

Da ich mich in der Garten- und Pflanzenwelt nicht allzu gut auskenne, wird das für die Übersetzung bedeuten, dass ich einiges recherchieren werden muss. Es könnte vor allem zeitintensiv werden, die deutschen Entsprechungen der Pflanzenbezeichnungen herauszufinden.

• **Textinhalt:** Im ersten Blogbeitrag geht es darum, wie man mithilfe des Absenkens Ableger von Sträuchern erhalten kann. Es werden die einzelnen Arbeitsschritte aufgezählt sowie einige Pflanzen, die für das Absenken im Spätherbst geeignet sind. Der zweite Beitrag handelt von einem blühenden Garten im Altweibersommer. Hier werden sämtliche Pflanzen aufgezählt, die trotz der anhaltenden Trockenheit noch oder schon wieder blühen. Um den sogenannten Mixed Border geht es im letzten Ausgangstext. Der Verfasser erzählt von seinem eigenen Garten und um welche Pflanzen er seinen Mixed Border dieses Jahr erweitert hat.

Wie auch schon die Textthematik, lässt der Textinhalt auf eine Menge an zu recherchierenden Begriffen schließen. Auch Präsuppositionen sind zu vermuten.

• **Präsuppositionen:** Die Ausgangstexte enthalten diverse Präsuppositionen. Beispiele lassen sich unter anderem in Zeile 13 (*un nœud*), Zeile 16 (lateinische Pflanzennamen), Zeile 45-46 (*Violon d'Ingres*) sowie in Zeile 50 (*Mixed Border*) finden. Claude Lasnier schrieb seine Beiträge für Leser, die sich größtenteils sehr gut mit der Gartenthematik auskennen, Jardilands Community ist jedoch für ein weniger spezielles Publikum gedacht. Für die deutschsprachige Leserschaft sollten folglich, wie bereits bei der Empfängerpragmatik angesprochen, diverse Fachbegriffe oder Bezeichnungen erläutert werden.

---

[6] Vgl. Nord (1988), S. 96 ff.

10

• **Aufbau und Gliederung:** Der Ausgangstext besteht aus drei einzelnen, eingebetteten Blogeinträgen, die zwar thematisch zusammenhängen und alle auf derselben Internetseite gepostet wurden, jedoch auch unabhängig voneinander gelesen werden könnten. Die einzelnen Beiträge sind relativ kurz gehalten und, bis auf den ersten Text, nicht noch einmal in Absätze unterteilt. Die Makrostruktur besteht aus Zeitangabe, Überschrift und dann in variierender Reihenfolge Text und Fotos. Bis auf in Zeile 6-7 des Ausgangstextes sind keine Intexte vorhanden.

Die Textgliederung kann größtenteils für den Zieltext übernommen werden, da Blog- und Foreneinträge sich nicht allzu sehr in ihrer Form unterscheiden. Lediglich das Datum sollte an das Ende des Beitrags verschoben werden. In einem Blog, also einem Internettagebuch, mag es sinnig sein, die Zeitangabe voran zu stellen, in einer Community ist das Erstellungsdatum jedoch eher zweitrangig und kann am Schluss folgen.

• **Nonverbale Textelemente:** In den Ausgangstexten lassen sich sieben Fotos finden, die allesamt zeigen, was im Beitrag erzählt wurde oder gleich erzählt wird. Die Bilder sollen dem Leser einen Eindruck von den beschriebenen Pflanzen, Gärten oder Arbeitsschritten geben. Auf jedem Foto ist *Jardinludique*, also der Name von Lasniers Homepage, vermerkt.

Die Bilder sollten auf jeden Fall in das Translat übernommen werden. Sie wirken anregend auf den Zieltext-Leser und sind vermutlich die größte Animation, dass dieser zum Kunde von Jardiland wird. Auch die Quellenangabe sollte auf den Bildern erhalten bleiben, gegebenenfalls durch den Namen des Fotografen ersetzt werden. Auf dem fünften Foto steht zusätzlich noch *Rose 'Violon d'Ingres'*, was im Zieltext entweder auch übersetzt oder ausgelassen werden müsste.

• **Lexik:** Die Texte sind in einem tendenziell umgangssprachlichen Stil geschrieben (Z. 9, *à quatre pattes*, Z. 33, *joue les prolongations*), allerdings tauchen auch immer wieder fachsprachliche Begriffe oder lateinische Pflanzennamen auf (Z. 13, *nœud*, Z. 67, *verbascum*). Die Worte weisen oft einen deskriptiven Charakter auf, in denen der Verfasser unter anderem seine Gefühle und Gedanken zum Ausdruck bringt (Z. 40, Z. 57-58). Die Leser werden gezielt angesprochen (Z. 9, *vous*), Lasnier bezieht sich aber auch selbst mit ein (Z. 5, *nous*).

Die beschreibende Wortwahl sollte in jedem Fall in der Übersetzung wiedergefunden werden. Die direkte Adressierung an den Leser sowie eigene Meinungen und Emotionen sind typisch für Beiträge in einer Community und schaffen eine persönliche Atmosphäre.

11

Das Sprachniveau sollte dagegen eher etwas vereinheitlicht werden und sich vorrangig auf das gemeinsprachliche Register konzentrieren.

• **Syntax:** Die Ausgangstexte bestehen ausschließlich aus Aussagesätzen, die meist hypotaktisch gehalten sind. Zum Teil treten sehr lange Sätze auf (Z. 8-11) und es werden mehrere Aufzählungen benutzt (Z. 16). Als Stilmittel lassen sich in den Blogeinträgen unter anderem Parenthesen (Z. 57-58) finden. Auffällig ist, dass der Textproduzent in Zeile 13-15 kein Subjekt in seinen Sätzen benutzt, sondern eine Infinitivkonstruktion mit Objekten verwendet. Hier wird der Leser nicht direkt angesprochen, möglicherweise weil es lediglich darum geht, die einzelnen Arbeitsschritte aufzuzählen.

Allzu lange Sätze müssen im Zieltext eventuell in zwei Sätze unterteilt werden, damit das Lesen für den deutschen Rezipienten nicht zu anstrengend wird. Sätze ohne Subjekte sollten vermieden werden, stattdessen kann der Rezipient direkt angesprochen werden. Ansonsten können die Stilmittel und Satzkonstruktionen, natürlich an die deutsche Grammatik angepasst, übernommen werden.

• **Suprasegmentale Elemente:** In allen drei Texten treten fettgedruckte Wörter auf, was zur Betonung und Hervorhebung dieser Begriffe dienen soll. Der Leser kann so auf den ersten Blick sehen, um was oder um welche Pflanzen es sich in diesem Beitrag handelt. Des Weiteren wurde der letzte Satz im ersten Ausgangstext kursiv geschrieben, da er nicht direkt zum Text, sondern eher zum Bild gehört und dieses näher beschreibt.

Die fett- und kursiv gedruckten Elemente können in der Übersetzung bestehen bleiben. Sie stellen eine gute Möglichkeit dar, um gezielt Begriffe oder Pflanzennamen zu betonen und Abgrenzungen zu verdeutlichen.

4 Recherche

Jardiland: Mithilfe der französischsprachigen Internetseite des Senders (http://www.jardiland.com) fand ich heraus, dass diese Gartenmarktkette sich aus über 100 einzelnen Geschäften zusammensetzt und seit 1982 besteht. Jardiland scheint sehr kundenorientiert zu arbeiten: Den Kunden wird beispielsweise ein Online-Verkauf, eine Treuekarte mit zusätzlichen Vergünstigungen bei anderen Geschäften, die Abonnierung eines Newsletters sowie die Teilnahme an einem Gartenquiz angeboten. Außerdem kann ein Kunde bei Jardiland eine Boden- und Wasseranalyse durchführen lassen, um anschließend die passenden Produkte zu kaufen. Das Unternehmen ist auf den Portalen *Twitter* und *Facebook* vertreten.[7]

A la sainte Catherine, tout bois prend racine (Zeile 6-7 AT): Dies ist ein französisches Sprichwort, dass sich auf den Tag der Heiligen Katharina am 25. November bezieht. Es bedeutet im übertriebenen Sinne, dass jede Pflanze, die zu dieser Zeit gepflanzt wird, Wurzeln tragen und gedeihen soll. Eine deutsche Entsprechung für diese Redewendung war schwer zu finden. Auf der Internetseite des Fernsehsenders *Arte* fand ich eine deutsche Bauernregel, die inhaltlich zu der französischen passte: „Zu St. Kathrein muss was in'n Boden rein".[8] Das Problem war jedoch, dass diese Redewendung nirgendwo anders zu finden war, weshalb in der Übersetzung nicht von „chacun connaît le proverbe" (Zeile 6 AT, etwa *jeder kennt das Sprichwort*) gesprochen werden kann.

Le nœud (Zeile 13 AT): In Wörterbüchern wird dieses Wort oft mit *Knoten* oder *Knotenpunkt* übersetzt. Dies scheint auch im Zusammenhang mit der Gärtnerei zuzutreffen, jedoch fand ich in Paralleltexten (zum Beispiel andere Foren für Hobbygärtner) den präziseren Fachbegriff *Nodium*.[9] Dieser meint einen Knoten am Blattansatz.[10]

L'hormone de bouturage (Zeile 13 AT): Die wörtliche Übersetzung von *hormone de bouturage* wäre etwa *Hormon zur Vermehrung von Stecklingen*. Dies ist allerdings recht

---

[7] Vgl. Jardiland (2012).
[8] Vgl. Arte (2010).
[9] Vgl. Gartenwissen (2009).
[10] Vgl. Biologie-Lexikon (2012).

lang und im Sprachgebrauch wohl eher unüblich. Aus dem Kontext heraus wurde klar, dass es eine Art Dünger für den Steckling sein musste, der das Wachstum begünstigt. Mithilfe einer Online-Gartenzeitung fand ich schließlich heraus, dass zur Stecklingsvermehrung Bewurzelungspulver benutzt wird (auch Bewurzelungshormone genannt).[11]

Pflanzenbezeichnungen: Einige Pflanzennamen ließen sich nicht im Wörterbuch finden, weswegen ich auf andere Hilfsmittel zurückgriff. *Viburnum* (Zeile 16 AT) zum Beispiel gab ich bei Google ein und stieß auf eine Gartendatenbank, bei der der lateinische Name in Klammern hinter der Bezeichnung *Schneeball* stand. Folgende Pflanzen fand ich ebenfalls in dieser Datenbank: *abutilon* (Zeile 16 AT, übersetzt mit *Schönmalve*), *le buddleia* (Zeile 36 AT, übersetzt mit *Schmetterlingsflieder*), *le ceanothe* (Zeile 37 AT, übersetzt mit *Säckelblume*), *verbascum* (Zeile 67 AT, übersetzt mit *Königskerze*), *coreopsis des teinturiers* (Zeile 67 AT, übersetzt mit *Färber Mädchenauge)*, *amaranthes* (Zeile 67 AT, übersetzt mit *Fuchsschwanz*), *cleomes* (Zeile 68 AT, übersetzt mit *Spinnenblume*), *morina* (Zeile 68 AT, übersetzt mit *Morina*), *scabieuses* (Zeile 68 AT, übersetzt mit *Skabiose*) und *valérianes* (Zeile 68 AT, übersetzt mit *Baldrian*).[12]
Bei der Suche nach der Übersetzung für *les cosmos sulphureus* (Zeile 41 AT) fand ich im Internet ein Gartentagebuch, in dem ausführlich über eine Pflanzenart namens *Cosmea* gesprochen wurde. Dort stand hinter dem Fachbegriff der deutsche Name *Gelbe Kosmee*.[13]
Die beiden Pflanzenbezeichnungen *vernonia* (Zeile 67 AT) und *verveines de Buenos Aires* (Zeile 68 AT) fand ich in einer weiteren Pflanzendatenbank, in der die deutschen Bezeichnungen *Scheinaster* bzw. *Argentinisches Eisenkraut* standen.[14] In einem Forschungsbericht eines Instituts wurde der lateinische Name *silphium* (Zeile 67 AT) für *Silphie* genannt.[15] Zuletzt recherchierte ich, ob alle erwähnten Pflanzenarten aus dem ersten Textteil in Zeile 16 auch in Deutschland vorkommen können, was der Fall ist.

Violon d'Ingres (Zeile 45 AT): Für Franzosen bedeutet dieser Ausdruck soviel wie *Hobby* oder *Steckenpferd*. Er geht auf den französischen Maler Jean-Auguste-Dominique Ingres

---

[11] Vgl. Gartenzeitung.com (2012).
[12] Vgl. Gartendatenbank.de (2012).
[13] Vgl. Pummer (2005) auf Tomatenundanderes.at.
[14] Vgl. Flora-Click (2011).
[15] Vgl. vTI (2012).

zurück, der leidenschaftlich gerne Geige spielte.[16] Er wurde 1780 in der im Text erwähnten Stadt Montauban geboren.[17]

Mixed-border (Zeile 50 AT): Dies ist eine klassische englische Staudenrabatte[18], die in der Regel meist leicht ansteigt und aus Blumen, Stauden und Sträuchern besteht.[19] Dabei spielt die harmonische Farbwahl eine entscheidende Rolle.[20]

---

[16] Vgl. Arte (2007).
[17] Vgl. Kunstmarkt.com (2012).
[18] Vgl. Sängerhof (2012).
[19] Vgl. Gartenarchitektur-Glossar (2012).
[20] Vgl. Obst- und Gartenbauverein Erbach (2008).

5 Übersetzung

Absenken von Pflanzen* im Herbst

5   Momentan befinden wir uns in der Zeit, die für Stecklinge, **Absenker** und das Einpflanzen von Bäumen und Sträuchern am günstigsten ist - frei nach dem Motto* „Zu St. Kathrein muss was in'n Boden rein". Wir nähern uns nun diesem symbolischen Tag der Heiligen Katharina*, dem 25. November, der ein wichtiges Datum für den Gärtner ist. Das Wetter ist noch ausreichend mild* und falls es Sie nicht abschreckt* ein paar Stunden auf allen
10 Vieren im Garten zu verbringen, so ermöglicht Ihnen das **Absenken** Ihrer **Pflanzen** ebendiese zu **vervielfachen** - sofern Sie ein kleines bisschen Arbeit* und ein Jahr Geduld investieren. Das **Absenken** besteht im Prinzip darin, sich untere Strauchzweige herauszusuchen und sie einzugraben. Suchen Sie sich dazu einen biegsamen Zweig und „verletzen" Sie ihn an einem Knoten am Blattansatz (Nodium)*. Streuen Sie ein wenig
15 **Bewurzelungspulver** auf die Verletzung und graben Sie sie so ein, dass das blättrige Zweigende herausschaut. Legen Sie anschließend zum Beschweren und Markieren einen Stein auf diese Stelle. Zu dieser Zeit des Jahres ist es einfach **Absenker** von Schwarzer Johannisbeere, Johannisbeerstrauch, Zistrose, Buchsbaum, Granatapfelbaum, Schneeball (Viburnum), Schönmalve (Abutilon), Rosenstrauch, Geißblatt u.v.m. zu bekommen. Dies
20 ist möglich, sobald der Strauch **Zweige** hat, die sich **tief genug** befinden, um eingegraben werden zu können. Wenn Sie die neuen **Absenker** anlegen, können Sie zeitgleich die aus dem vergangenen Jahr ausgraben, die nach einem Jahr Wartezeit ausreichend Wurzelwerk gebildet haben. Die Absenker können entweder direkt an ihren endgültigen Standort gepflanzt werden oder bis zum Frühling in einem Blumentopf bleiben.
25

*Auf den unteren Fotos sehen Sie den einjährigen **Absenker** eines Buchsbaums, der drei neue, eingewurzelte Pflanzen produziert hat.*

(Beitrag erstellt von Claude Lasnier.)*
30

16

Blütenpracht* im Altweibersommer

35

Zur großen Freude der Gartenbewohner nimmt der **Altweibersommer** hier nahe der Stadt Montauban* kein Ende. Der Garten blüht trotz der anhaltenden Trockenheit, aber es wäre höchste Zeit, dass es regnet: Ich glaube, ich habe den Garten noch nie so trocken gesehen

40 wie in diesem Oktober. Das habe ich gleich zum Großreinemachen und dem Beschneiden der Büsche genutzt. Es ist erstaunlich den Schmetterlingsflieder wieder wie an den ersten Sommertagen blühen zu sehen. Auch die Säckelblume erfreut mich mit einigen Blütenknospen und die **Remontantrosen**, die ich vor meinem Urlaub beschnitten habe, blühen erneut. Die **Astern** sind vollständig erblüht und der **Sonnenhut** erhellt noch immer

45 den Garten. Zusammen mit den **Gelben Kosmeen** würde ich ihn gerne mit einer Silbermedaille für sein ununterbrochenes Blühen seit Sommerbeginn auszeichnen. Die Goldmedaille würde der **Leberbalsam** erhalten, der so anspruchslos und trotzdem so wunderschön ist. Da er ursprünglich aus tropischen Gebieten stammt, stört ihn die Trockenheit* überhaupt nicht. Er hat nur einen Nachteil: In unseren Breitenkreisen*

50 wächst er einjährig und muss deshalb in jedem Frühjahr neu ausgesät werden. Meine prächtigste **Remontantrose**, mein **Steckenpferd** sozusagen, sieht man auf dem untenstehenden Foto.

(Beitrag erstellt von Claude Lasnier.)

55

Sommerlicher Mixed Border

60 Das Besondere* an einem Garten während der Sommerzeit ist die Explosion an Farben,
Düften und anderen Reizen*. Die meisten Blumen haben bereits ihr Verborgenes enthüllt.
Natürlich gibt es auch so manche Nachzügler, die damit bis zum Herbst warten, aber sie
sind in der Unterzahl. Der englische **Mixed Border**, also die englische Staudenrabatte*,
bietet Spielraum für alle möglichen Experimente (ich persönlich kann mir keinen Garten

65 vorstellen, der jedes Jahr gleich aussieht). Die **ein- und zweijährigen Pflanzen** tragen dort
weitgehend zu den großzügigen Gaben und der **Farbenvielfalt** bei. Die **mehrjährigen
Pflanzen** bilden den Grundstock, aber es ist besonders erfreulich sich Überraschungen
bereitzuhalten. Die Hauptquelle für diese Abwechslung sind Samen, die man links und
rechts am Wegesrand* bei Spaziergängen aufgesammelt hat oder der Austausch unter

70 Gärtnern. So warte ich dann jedes Jahr gespannt* auf das Ergebnis, das stets ein wenig
dem Zufall überlassen ist. Nichts ist deprimierender als ein immer gleichbleibender*
Garten, in dem nie etwas Neues wächst*, alles bis ins kleinste Detail geplant und
vorhersehbar ist und der von Jahr zu Jahr das gleiche Bild abgibt. Dieses Jahr wurde also
der **Mixed Border**, der hauptsächlich aus Dahlien bestand, um Königskerze (Verbascum),

75 Scheinaster (Vernonia), Färber-Mädchenauge (Coreopsis Tinctoria), Fuchsschwanz
(Amaranthus), verschiedene Kosmeenarten, Silphie (Silphium), Spinnenblume (Cleome),

Morina, Skabiose (Scabioasa), Helmkraut (Scutellaria), Baldrian (Valeriana), Argentinisches Eisenkraut (Verbena) und eine besondere Sonnenblumenart erweitert. Alles zusammen bildet ein ausgedehntes, vielseitiges und kunterbuntes Durcheinander, das mit seinen Farben und seiner Fröhlichkeit ins Auge sticht.

(Beitrag erstellt von Claude Lasnier.)

6 Kommentare und Erklärungen

Zeile 3, *Absenken von Pflanzen im Herbst*: Auf einer Internetseite, die Tipps zur Verfügung stellt, sollten die Überschriften aussagekräftig sein. Übersetzt man diese Überschrift lediglich mit *Absenken im Herbst*, so wird eventuell nicht vollständig klar, worum es im folgenden Beitrag geht, sofern der Leser kein sehr kundiger Gärtner ist. Des Weiteren habe ich hier sowie in der nächsten Überschrift das Satzendezeichen aus dem Ausgangstext ausgelassen, da es in deutschen Überschriften unüblich ist einen Punkt zu setzen.

Zeile 6, *frei nach dem Motto...*: Der Ausgangstext muss an dieser Stelle abgeändert werden, da nicht behauptet werden kann, dass das deutsche Sprichwort bekannt ist.

Zeile 7-8, *Heilige Katharina*: Würde man diesen Zusatz auslassen, wird nicht ganz klar von welchem symbolischen Tag die Rede ist. Außerdem kann so erwähnt werden, dass St. Kathrein und die Heilige Katharina dieselbe Person sind, wobei die zweite Bezeichnung den Lesern vermutlich auch eher bekannt ist als die erste.

Zeile 9, *ausreichend mild*: Wie bereits in der Recherche erwähnt, beträgt die Durchschnittstemperatur im November (für Hildesheim) knapp 5 °C. Ich persönlich verbinde diesen Monat eher mit Kälte, Bodenfrost oder sogar dem ersten Schnee, weswegen ich vermutete, dass der November in Deutschland nicht mehr zu den Gartenmonaten gehört. Daher überlegte ich, ob im Zieltext nicht lieber vom Oktober statt vom November die Rede sein sollte. Jedoch hätte dann auch für das Sprichwort eine Alternative gefunden werden müssen. Außerdem stieß ich bei meiner Recherche auf zahlreiche Internetseiten, die mir bewiesen, dass auch in deutschen Gärten im späten Herbst noch gepflanzt wird.[21] Deswegen entschied ich mich erstens dazu, den November beizubehalten und zweitens, das *suffisamment clément* wörtlich im Sinne von *ausreichend mild für Gartenarbeit* zu übersetzen.

Zeile 9, *abschrecken*: Die wörtliche Übersetzung von *effrayer* wäre *Angst machen, erschrecken*. Diese passt jedoch nicht in den gegebenen Kontext, weswegen ich das wortverwandte *abschrecken* wählte.

Zeile 11, *Arbeit*: Laut Wörterbuch ist *huile de coude* ein umgangssprachlicher Ausdruck für *Mumm*. Bei dem Absenken von Pflanzen über Mumm zu reden, macht jedoch keinen

---

[21] Vgl. Siemens, Hartung auf Mein-schöner-Garten.de (2011).

Sinn. In einem Online-Wörterbuch für französische Redewendungen stieß ich auf die Definition *l'energie, la force*[22], weswegen ich den Ausdruck mit *Arbeit* übersetzte. Stärkere Ausdrücke wie *harte Arbeit* oder *Knochenarbeit* schloss ich aufgrund des zu gegensätzlichen *un petit peu* im Ausgangstext aus.

Zeile 14, *Nodium*: Wie bereits in dem Rechercheteil erwähnt, ist das Wort *Nodium* ein Fachbegriff. Viele Leser des Zieltextes werden als Gartenbegeisterte solche Begriffe bereits kennen, jedoch sollte man davon ausgehen, dass auch weniger kundige Hobbygärtner in dem Forum nach Tipps suchen. Daher entschied ich mich dazu, den Fachbegriff lediglich in Klammern zu setzen. Dies gilt im weiteren Verlauf mit derselben Begründung auch für lateinische Pflanzennamen, bei denen ich den deutschen und somit geläufigeren Namen bevorzugte.

Zeile 29, *Beitrag erstellt...*: In einer Community oder in einem Forum sollte in der Regel stehen, von wem der Beitrag verfasst wurde, weswegen ich an dieser Stelle den Autor einfügte. Später sollte dann hier auch noch das aktuelle Datum stehen, an dem der Beitrag tatsächlich hochgeladen wurde.

Zeile 34, *Blütenpracht*: In dieser Überschrift kann durchaus ein ausdrucksstärkeres Wort als lediglich *Blühen* stehen. Der dazugehörige Beitrag handelt schließlich davon, wie stark und zahlreich die Pflanzen im Altweibersommer blühen.

Zeile 43, *Montauban*: Dieser Zusatz lässt sich mit dem Auslassen des Wortspiels im letzten Satz des Beitrags erklären. Der Verfasser spielt hier auf den Maler Ingres an, der nicht weit von ihm entfernt geboren wurde. Ich habe leider keine Möglichkeit gefunden, die Doppeldeutigkeit in die deutsche Sprache zu übertragen, ohne dass die Übersetzung holprig klingt. Eine Alternative wäre Folgende gewesen: *Meine prächtigste Remontantrose - meine Violine von Ingres, mein Steckenpferd also - ist ein Muss für jeden, der seinen Garten nahe der Geburtsstadt des Malers und Hobby-Violinisten Ingres hat: Montauban ist nur etwa 35 km entfernt.* Selbst hier, mit einigen eingeschobenen Erklärungen, wird das Wortspiel nicht komplett aufgeklärt und stiftet eher Verwirrung bei dem Leser. Der Zieltext soll aber einfach zu lesen sein, weswegen ich mich dazu entschied den Bezug auf Ingres auszulassen, stattdessen einen Bezug zum Foto herzustellen sowie die Information über Montauban an den Beitragsanfang zu stellen.

Zeile 54, *Trockenheit*: *Le manque d'eau* aus dem Ausgangstext habe ich nicht mit *Wassermangel* oder Ähnlichem übersetzt, um die erwähnte Trockenheit zu Beginn des Blogeintrags wieder aufzugreifen.

---

[22] Vgl. Expressio (2007).

Zeile 54, *in unseren Breitenkreisen*: Die wörtliche Übersetzung von *chez nous* wäre *bei uns*. Meiner Meinung nach wird im Ausgangstext nicht deutlich, was genau der Verfasser damit meint. Da er aber zuvor erwähnt, dass die Pflanze ursprünglich aus tropischen Gebieten stammt und da die Art durchaus mehrjährig sein kann[23], gehe ich davon aus, dass er mit dem *chez nous* die Klimazone meint, in der wir uns befinden.

Zeile 66, *das Besondere*: Normalerweise bedeutet *cœur* soviel wie *Herzstück, Mittelpunkt*. Diese Übersetzung passt jedoch nicht in den Zusammenhang. Im Prinzip geht es in dem Satz darum, die Farbexplosionen etc. hervorzuheben, was am besten mit *das Besondere* funktioniert.

Zeile 67, *und anderen Reizen*: Wörtlich übersetzt bedeutet *la saveur* primär *Würze, Geschmack*. Geschmacksexplosionen geschehen in der Regel aber nicht in einem Garten, weswegen ich mich dazu entschied das Wort hier mit *Reiz* zu übersetzen. Da Farben und Düfte ebenfalls Reize sind und um die Aufzählung flüssiger zu gestalten, fügte ich *anderen* hinzu.

Zeile 69, *englische Staudenrabatte*: Meiner Meinung nach muss der englische Begriff erklärt werden, da er mit Sicherheit nicht jedem Leser geläufig sein wird. Daher fügte ich eine knappe Definition hinzu.

Zeile 75, *am Wegesrand*: Ohne diesen Zusatz fragt sich der deutsche Leser *links und rechts von was?*. Ich entschied mich für dieses Wort, da Pflanzen oft am Wegesrand blühen und dort durchaus Samen gesammelt werden können.

Zeile 76, *gespannt*: Wörtlich übersetzt heißt *un peu en haleine* etwa *ein bisschen gefesselt, ein wenig in Atem gehalten*. Da die einzelnen Wörter innerhalb dieses Ausdrucks stark widersprüchlich sind, schwächte ich die Redewendung *in Atem gehalten werden* ab und kam auf *gespannt*.

Zeile 77, *immer gleichbleibender*: *figé* bedeutet *starr, steif*. Mit solch einer Bezeichnung einen Garten näher zu beschreiben, war mir aber nicht geläufig, weswegen ich auf diese Umschreibung auswich.

Zeile 78, *nie etwas Neues wächst*: Die wörtliche Übersetzung von *où tout a déjà été vu* wäre soviel wie *in dem man alles schon gesehen hat*. Da mir diese Variante sprachlich nicht gefiel, entfernte ich mich etwas vom Ausgangstext und fügte eine Verneinung hinzu.

---

[23] Vgl. Kaliebes Blumenhaus (2012).

7 Quellenverzeichnis

ARTE (2007) :
Karambolage. Der Ausdruck: das "violon d'Ingres". (Modifiziert : 4. November 2007.
Zugriff : 26. Juni 2006, 17:58 MEZ)
<http://www.arte.tv/de/1672264,CmC=1672272.html>

ARTE (2010) :
Sendung vom 25. November. (Modifiziert : 25. November 2010. Zugriff : 1. Juli 2012,
12:34 MEZ)
<http://global.arte.tv/de/2010/11/25/sendung-vom-25-november/>

BIOLOGIE-LEXIKON (2012) :
Nodium, Nodus (Knoten). (Modifiziert : 24. Juni 2012. Zugriff : 24. Juni 2012, 15:22
MEZ)
<http://www.biologie-lexikon.de/lexikon/nodus.php>

EXPRESSIO (2007) :
Détail d'une expression. (Modifiziert : 17. Januar 2007. Zugriff : 24. Juni 2012, 15:30
MEZ)
<http://www.expressio.fr/expressions/l-huile-de-coude.php>

FLORA-CLICK (2011) :
(Modifiziert : 10. August 2011. Zugriff : 27. Juni 2011)
<http://www.flora-click.com/Verbena%20bonariensis.htm>
<http://www.flora-click.com/Vernonia%20fulta.htm>

GARTENARCHITEKTUR-GLOSSAR (2012) :
Mixed Border. (Modifiziert : 27. Juni 2012. Zugriff : 27. Juni 2012, 17:16 MEZ)
<http://www.janaszek.de/ga/mixed_border.html>

GARTENDATENBANK.DE (2012) :
(Modifiziert : 27. Juni 2012. Zugriff : 27. Juni 2012)
<http://www.gartendatenbank.de/de/search.htm?q=f%E4rber+m%E4dchenauge>
<http://www.gartendatenbank.de/de/search.htm?q=Morina>
<http://www.gartendatenbank.de/de/search.htm?q=skabiose>
<http://www.gartendatenbank.de/de/search.htm?q=verbascum>
<http://www.gartendatenbank.de/genus/valeriana>
<http://www.gartendatenbank.de/wiki/amaranthus-caudatus>
<http://www.gartendatenbank.de/wiki/buddleja-davidii>
<http://www.gartendatenbank.de/wiki/ceanothus-1_infos_s%E4ckelblume>
<http://www.gartendatenbank.de/wiki/tarenaya-hassleriana>

GARTENWISSEN (2009) :
Nodium. (Modifiziert : 11. August 2009. Zugriff : 24. Juni 2012, 15:26 MEZ)
<http://www.gartenwissen.com/gartenlexikon/nodium>

GARTENZEITUNG.COM (2012) :
Bewurzelungshormone, Bewurzelungspulver. (Modifiziert : 24. Juni 2012. Zugriff : 24. Juni 2012, 15:26 MEZ)
<http://magazin.gartenzeitung.com/Vermehrung/Bewurzelungshormon.html>

JARDILAND (2012) :
(Modifiziert : 5. Juli 2012. Zugriff : 5. Juli 2012)
<http://www.jardiland.com/>
<http://www.jardiland.com/nos-magasins.html>
<http://www.jardiland.com/nos_magasins/les_services/475/index.html>
<http://www.jardiland.com/programme-fidelite/carte-jardiland.html>
<http://www.jardiland.com/recrutement/quizz.html>

KALIEBES BLUMENHAUS (2012) :
Pflanzenbeschreibungen. Ageratum houstonianum – Leberbalsam. (Modifiziert : 26. Juni 2012. Zugriff : 26. Juni 2012, 16:43 MEZ)
<http://kaliebes-blumenhaus.de/beet-und-balkonpflanzen/pflanzenbeschreibungen/>

KUNSTMARKT.COM (2012) :
Ingres, Jean-Auguste-Dominique. (Modifiziert : 26. Juni 2012. Zugriff : 26. Juni 2012, 17:59 MEZ)
<http://www.kunstmarkt.de/pageskue/kunst/_id8059-/kuenstlerbio_bericht.html?_q=>

LASNIER, Claude AUF JARDINLUDIQUE (2008) :
Bienvenue. (Modifiziert : 12. Januar 2008. Zugriff : 1. Juli 2012, 12:38 MEZ)
<http://jardinludique.over-blog.com/article-15583931.html>

LASNIER, Claude AUF JARDINLUDIQUE (2012) :
Jardin Ludique. (Modifiziert : 1. Juli 2012. Zugriff : 1. Juli 2012, 12:36 MEZ)
<http://jardinludique.over-blog.com/>

LE BOAT (2012) :
Hausbootbasis Montauban. (Modifiziert : 1. Juli 2012. Zugriff : 1. Juli 2012, 12:37 MEZ)
<http://www.leboat.de/bases/france/aquitaine/montauban>

MAPPED PLANET (2012) :
(Modifiziert : 7. Juli 2012. Zugriff : 7. Juli 2012 MEZ)
<http://www.mappedplanet.com/klima/klimadiagramm-13224-Montauban,Frankreich>
<http://www.mappedplanet.com/klima/klimadiagramm-7787-Landkreis+Hildesheim,Deutschland>

NORD, Christiane (1988) :
Textanalyse und Übersetzen. Heidelberg : Julius Groos Verlag

OBST-UND GARTENBAUVEREIN ERBACH (2008) :
Mixed Border. (Modifiziert : 27. Juli 2008. Zugriff : 27. Juni 2012, 17:14 MEZ)
<http://www.ogv-erbach.de/index.php/begriffe/95-mixed-border.html>

PUMMER, Helmut AUF TOMATENUNDANDERES (2005) :
Cosmea Teil 3: Wissenswertes. (Modifiziert : 2. Oktober 2005. Zugriff : 25. Juni 2012, 15:28 MEZ)
<http://s9y.tomatenundanderes.at/index.php?/archives/334-Cosmea-Teil-3-Wissenswertes.html>

SAENGERHOF (2012) :
Staudenempfehlungen für den englischen Garten. (Modifiziert : 27. Juni 2012. Zugriff : 27. Juni 2012. 17:17 MEZ)
<http://www.saengerhof.de/96.98.html>

SIEMENS, Folkert; Alexandra HARTUNG AUF MEIN SCHÖNER GARTEN (2011) :
Ziergarten: Die besten Gartentipps im November. (Modifiziert : 24. Oktober 2011. Zugriff : 3. Juli 2012, 13:49 MEZ)
<http://www.mein-schoener-garten.de/de/gartenpraxis/monatliche_gartentipps/ziergarten-die-besten-gartentipps-im-november-40078>

VTI (2012) :
Agrarökologische Bewertung der Durchwachsenden Silphie als eine Biomassenpflanze der Zukunft. (Modifiziert : 27. Juni 2012. Zugriff : 27. Juni 2012, 17:12 MEZ)
<http://www.vti.bund.de/de/startseite/institute/bd/projekte/silphie.html>